DE LA NOTATION
MUSICALE.

Extrait des *Annales Encyclopédiques*,
année 1817.

Le Bureau est rue Neuve-des-Petits-Champs, n° 12.

DE LA
NOTATION MUSICALE

EN GÉNÉRAL,

ET EN PARTICULIER

DE CELLE DU SYSTÈME GREC;

MÉMOIRE ADRESSÉ

A M. LE CHEVALIER MILLIN,

Par M. le chevalier

P. Jh. JOUBERT DE LA SALETTE,

Ancien maréchal-de-camp, inspecteur d'artillerie, membre de la Société des Sciences et des Arts de Grenoble, correspondant de l'Académie de Dijon, etc.

PARIS.

IMPRIMERIE DE LE NORMANT, RUE DE SEINE.

1817.

DE LA NOTATION
MUSICALE.

Bien que rien encore n'ait paru éveiller à certain point la curiosité des savans sur le système de la musique des Grecs, et sur sa notation, j'ai cependant pensé que les idées peu justes qu'on pouvoit s'en former, n'étoient pas sans inconvénient, par rapport au système de la musique d'aujourd'hui; d'ailleurs, quand il seroit vrai que ce système ne devroit être regardé que comme un point historique de l'art musical, il me semble qu'il devroit toujours rentrer dans le domaine de l'érudition. Je ne crois pas cependant qu'on doive le restreindre à ce seul genre de mérite. C'est chez les Grecs qu'est pour nous la vraie source de l'art musical, comme celle de tout d'autres belles connoissances. Il est donc à présumer qu'en débrouillant l'espèce de chaos répandu sur cette musique primitive, on pourroit rendre quelque service à la science, ou du moins dissiper quelque erreur ou quelque préjugé, suite nécessaire de l'état d'ignorance où l'on a été jusqu'ici sur ce point.

Un des grands obstacles qui ont dû s'opposer au développement de cet ancien système, tient sans doute à la maniere dont il nous a été transmis, et un peu probablement aussi à la suppression pas assez motivée des signes qui pouvoient seuls naturellement nous en rapprocher.

Les Grecs écrivoient leur musique avec les lettres de leur alphabet : tout le monde convient d'ailleurs de la nécessité d'avoir aujourd'hui une seconde écriture musicale plus abrégée et plus généralisée que celle dont on ne peut cependant se passer dans les orchestres ; tout cela n'a plus besoin d'être prouvé : pourquoi donc ne pas adopter bonnement, pour cette seconde notation, les lettres romaines qui peuvent remplir toutes les conditions nécessaires à cette notation, qui lui servoient encore de signes élémentaires, il y a à peine un demi-siècle, et qui, par leur analogie avec les lettres grecques, offrent le précieux avantage de réunir sur le même son une lettre commune aux deux alphabets ? réunion qui, établissant des rapports certains entre les deux notations grecque et moderne, peut faire juger sans confusion de la différence ou de l'identité des deux systèmes.

J'appuierai ces assertions en faisant observer que les lettres romaines sont tellement liées à notre notation musicale, que, malgré les efforts de quelques écrivains pour les bannir entièrement de leurs dissertations, ils se trouvent toujours forcés d'y avoir recours, à cause de la multitude d'ouvrages antérieurs qu'ils ont ordinairement à citer, et dans lesquels ces lettres sont employées comme notes musicales.

D'un autre côté, l'emploi commun d'une même lettre dans les alphabets grec et latin, pour servir de signe au même son, lie d'une manière indissoluble et caractéristique le système actuel à celui de la musique ancienne. Ainsi la lettre grecque E *epsilon*, qui correspond à l'*e* romain, représentant, comme cette dernière, le son *mi*, il en résulte que l'on peut connoître facilement toutes les notes de l'ancien système, parce que la série des notes dans chacun des modes de ce système nous est donnée par les auteurs grecs.

Pour rendre cette vérité plus sensible, je rappellerai ici que le mode musical étoit composé chez les Grecs de cinq tétracordes, indépendamment du son appelé *proslambanomène*, ajouté au grave à la distance d'un ton ; chaque tétracorde, en allant du grave à l'aigu, se composoit successivement d'un demi-ton et de deux tons (1).

S'il se rencontre maintenant que la cinquième note d'un des modes grecs, en commençant par la proslambanomène, ait pour signe un E *epsilon*, il est clair, par ce qui vient d'être dit, que cette cinquième note, qui correspond à notre note lettre *e*, est la note syllabique *mi*. Ainsi, descendant de cette note par un tétracorde et un ton, c'est-à-dire par deux tons, un demi-ton et un ton, nous trouverions que ces cinq premières notes seroient *mi*, *re*, *ut*, *si*, *la*, ou *e d c h a* (2), et que par conséquent les cinq premières notes de ce mode se-

(1) Voyez Alypius, Gaudentius, Bacchius, et autres.
(2) Voyez la *Sténographie musicale*, chez Goujon, libraire, rue du Bacq, n° 33.

(7)

roient *la* , *si* , *ut* , *re* ; *mi* , ou *a h c d e*. Or, la cinquième
note du mode *hypodorien* , est effectivement un E *epsilon* (1).
Il est donc évident que ces cinq premières notes sont précisément les cinq notes *a h c d e* des modernes.

La *connoissance* de ces cinq notes faisant nécessairement
connoître les notes du mode entier, et subséquemment toutes
celles des autres modes , on voit combien il seroit désavan-
tageux de faire tomber ces notes-lettres dans l'oubli, et combien au contraire il doit être utile d'en perfectionner l'usage ,
comme seconde écriture musicale. Dans l'ouvrage cité précédemment (2) , j'ai fait voir la supériorité de sa méthode ,
non-seulement par la simplicité de ses signes , mais par l'emploi qu'on en a constamment fait jusqu'à nos jours , depuis la
plus haute antiquité ; ainsi, pour être en droit de la rejeter,
il faut, ou démontrer qu'elle est vicieuse, ou en produire
une meilleure : mais il paroît qu'on ne parviendroit pas à
obtenir facilement ce dernier résultat, si l'on vouloit y employer de nouveaux signes ; car ceux-ci n'ayant aucun rapport,
aucune connexité avec l'ancien système grec , il faudroit
renoncer pour toujours à la connoissance de ce système
primitif : ce qui nuiroit évidemment à l'art musical d'aujourd'hui , et ne répondroit guère aux vœux des vraits érudits.

La notation musicale des Grecs avoit pour signes les lettres
de l'alphabet de leur langue : c'est un fait incontestable. Il est
aussi de notoriété que pour en multiplier les signes , on avoit
imaginé de présenter ces lettres dans diverses situations, telles
que couchées, renversées, retournées , etc.

On connoît aussi la composition et la distribution de leurs
tétracordes, la dénomination de leurs notes, et le nombre
de celles-ci dans leurs modes appelés aujourd'hui *gammes* ou
échelles ; et malgré toutes ces données, il paroît qu'on n'est
pas encore parvenu à pénétrer tous les mystères de cet ancien système , si l'on doit en juger par le silence qu'on a gardé
sur lui depuis plus de cinq ans qu'on a pu le voir développé
dans les *Considérations sur les divers systèmes de la musique
ancienne et moderne* (3).

(1) Voyez Alypius.
(2) La *Sténographie musicale*.
(3) Chez Goujon, libraire , rue du Bacq , n° 33.

On peut donc croire que si cette branche d'érudition ne s'est pas encore élevée à la hauteur de nos autres connoissances, cela tient en grande partie à la sorte d'éloignement qu'on a marqué, sans trop de raison, pour la notation littérale que j'ai tâché de rétablir, et qui, comme terme intermédiaire entre les signes de la notation grecque et ceux de la notation moderne, est pourtant indispensable pour obtenir les développemens nécessaires à l'intelligence de l'ancien système des Grecs que nous regardons comme les premiers instituteurs de l'art musical.

Comme cette notation littérale n'a pas été sérieusement réfutée jusqu'ici, je continuerai à m'en servir dans les éclaircissemens que je vais ajouter à ceux que j'ai déjà donnés sur les modes grecs dans l'ouvrage cité plus haut. Je prie seulement les lecteurs de se rappeler que les lettres *c d e f g a h c* sont les notes des nomenclatures syllabiques *ut, re, mi, fa, sol, la, si, ut*; et que le dièse s'exprime par un *δ* (*delta*), le bémol par la lettre *b*, et le bécarre par la lettre *p* (1).

La notation des sons musicaux, employée par les Grecs, est d'une sorte de contexture qui ne se prête que difficilement à l'analyse : on peut bien en apercevoir une cause dans le but que s'étoient proposé les inventeurs de cette méthode, celui de la rendre purement pratique; mais une des principales causes de cette difficulté paroît tenir aussi à l'abandon qu'on faisoit depuis quelque temps de la notation littérale qui lie cette ancienne méthode à celle d'aujourd'hui.

Malgré ces obstacles, je vais cependant essayer d'en généraliser les principes, et de les simplifier autant qu'il me sera possible, afin d'en montrer l'ensemble et la connexité; et si je parviens à ce but, j'aurai fait faire un pas à cette partie de nos connoissances, que d'autres pourront conduire ensuite à sa perfection.

J'ai déjà fait remarquer dans le tome Ier des *Considérations sur les divers systèmes de la Musique*, 2e partie, qu'il avoit existé deux systèmes de musique chez les Grecs, l'un trèsancien, et l'autre bien plus récent. Je me bornerai donc à

(1) Voyez la *Sténographie musicale*.

dire ici qu'ils sont aisés à reconnoître par le nombre de leurs modes , par leurs nomenclatures , par l'étendue de leurs modes . et par leurs dispositions ; mais je ne m'occuperai particulièrement que du dernier, pour ajouter quelques éclaircissemens à ce que j'en ai déjà dit dans l'ouvrage que je viens de citer.

Tous les auteurs grecs s'accordent à dire que ce système étoit formé de quinze modes identiques dans leurs intervalles, et que ces modes ne diffèrent entr'eux que par le lieu plus grave ou plus aigu qu'ils occupent ; mais quelques auteurs modernes assurent que les petits intervalles étoient inégaux dans ces divers modes, de sorte que, selon eux . ces modes avoient bien deux diapasons, ou deux octaves d'étendue , et étoient formés par quatre ou cinq tétracordes parfaitement égaux entr'eux ; mais ils pensent que les petits intervalles dont ces grands intervalles sont formés n'étoient pas toujours respectivement égaux.

Rien ne paroît plus certain que la première de ces deux assertions, relativement à l'égalité des grands intervalles des quinze modes grecs ; car il est bien clair que si l'on y supposoit de plus grands ou de plus petits diapasons , il seroit bien impossible d'établir aucun système régulier de musique , sur quelque fondement certain. Quant aux tétracordes , tous les auteurs grecs les donnent, comme composés , du grave à l'aigu , d'un demi-ton et de deux tons , sans laisser entrevoir que ces tons et demi-tons puissent être inégaux entr'eux. D'ailleurs , s'ils n'étoient pas égaux, on n'auroit pas manqué de s'en apercevoir, puisque les tétracordes étoient en nombre déterminé dans les diapasons ou octaves des modes. Si l'on supposoit, par exemple , que le troisième tétracorde dût être le plus grand dans un mode , on conçoit que, par l'ordre des transpositions, ce même tétracorde pourroit se trouver le premier. le second , le quatrième ou le cinquième dans un autre mode , où cependant il devroit être le plus petit . par la nécessité des compensations. Or, dans cette supposition, il faudroit que les demi-tons dont se composent tous les intervalles fussent non-seulement inégaux , mais encore mobiles de manière à devenir tantôt plus grands et tantôt plus petits : telle est donc la question qu'il convient d'examiner ici.

Gaudentius, qui florissoit vers le deuxième siècle , et qui est le cinquième des auteurs grecs sur la musique ancienne , réunis dans le premier tome de Meibomius , nous apprend, comme je l'ai dit , tom. 1er, 2e partie des *Considérations sur les divers systèmes de la musique* , etc. que le système de la musique des Grecs se composoit de son temps de quinze modes transposés qui ne différcient entr'eux que du grave à l'aigu , étant d'ailleurs parfaitement semblables.

Ces quinze modes sont donnés particulièrement avec toutes leurs notes tirées des lettres de l'alphabet grec, dans Alypius, quatrième auteur du premier tome de l'édition de Meibomius ; mais l'ordre dans lequel ce dernier les présente, et la notation des lettres grecques, oubliée depuis une longue suite de siècles, auroit rendu ce système de musique impénétrable, si Gaudentius n'en avoit pas donné de précieuses explications qui en sont une sorte de clef. Voici sommairement ce qu'on lit dans son traité :

La note du son le plus grave de chacun des quinze modes grecs s'appelle *proslambanomène* , et ces quinze sons réunis forment une série de quatorze demi-tons , ou d'une neuvième du grave à l'aigu , ou de l'aigu au grave; d'où il suit qu'il y a une *proslambanomène* plus grave que toutes les autres.

Le mode est une succession de tons et de demi-tons , dans un ordre agréable à entendre.

Les modes ne peuvent différer entr'eux qu'en variant là disposition de leurs tons et demi-tons , ou en transposant la série déterminée de ces mêmes tons et demi-tons , soit au grave , soit à l'aigu; et c'est de cette dernière espèce de mode dont Alypius a donné le tableau complet, expliqué par Gaudentius, que je vais d'abord parler.

Chaque mode est renfermé dans l'intervalle d'un double diapason , ou d'une double octave , et contient quatre ou cinq tétracordes au-dessus de sa proslambanomène.

Le tétracorde des Grecs est un intervalle de quarte , qui a son demi-ton au grave , et ses deux tons à l'aigu. Quoique les auteurs grecs n'aient pas déterminé précisément l'inter—

valle du ton , et que les opinions , surtout parmi les modernes , aient été très-diverses sur le demi-ton , il n'en est pas moins vrai que ces intervalles sont invariables dans le tétracorde comme dans l'exécution musicale.

Cette assertion est confirmée par Gaudentius , qui dit , pag. 18 , que « les tétracordes sont de trois espèces , mais que ces espèces ne diffèrent. ni par l'étendue des tétracordes , ni par le nombre de leurs intervalles , et qu'elles dépendent seulement de l'ordre et de la disposition de ces tétracordes. La première espèce est de *l'hypate hypaton* à *l'hypate méson* , où le demi-ton se trouve au grave , c'est-à-dire de *h* à *e*. La seconde espèce est de la *parhypate hypaton* à la *parhypate méson* , de *c* à *f* , dans laquelle le demi-ton est à l'aigu ; et la troisième est du *lichanos* au *lichanos* (1) , de *d* à *g* , qui a le demi-ton au milieu. » Gaudentius ajoute encore , pag. 12 , que le diatessaron , qui est aussi le tétracorde ou la quarte , se compose de deux tons et du demi-ton , ou de cinq demi-tons.

Ainsi , dans le système des Grecs , la quarte , composée de cinq demi-tons , ne varioit point dans son intervalle , et cette quarte , qui étoit le tétracorde , se trouvoit comprise quatre ou cinq fois dans le double diapason qui constituoit le mode.

Gaudentius est le seul des auteurs grecs qui admette aussi quatre tétracordes seulement dans la composition du mode ; Alypius , dans ses tableaux de notation , en suppose toujours cinq , sans changer rien au fond : cela annonce seulement que du temps de Gaudentius , l'art avoit déjà fait un pas vers le système de la musique actuelle , comme je le ferai voir plus loin , et qu'Alypius , bien plus antérieur , étoit encore attaché aux anciens documens de la musique grecque.

Mais ce seroit en vain que ce dernier nous auroit transmis tous les modes composés de cinq tétracordes , avec les signes de notation de chacune de leurs notes dans le plus grand détail , si nous voulions nous assurer de la dissemblance ou de

(1) Ou , suivant Alypius , de *l'hypaton diatonos* au *méson diatonos.*

l'identité de ces notes avec celles d'aujourd'hui , sans connoître les rapports de leurs signes avec ceux de ces dernières.

On sait bien , et tous les auteurs en conviennent , que le
mode , contenant cinq tétracordes , se composoit d'abord en
allant du grave à l'aigu , de la proslambauomène , ou du
son ajouté , et qu'un ton au-dessus d'elle , on formoit le
premier tétracorde des *principales* par un demi-ton et deux
tons : ce que l'on peut se représenter ici par les notes-lettres
a , h c d e.

Le second tétracorde, dit des *moyennes* , se formoit aussi
du demi-ton et deux tons, en partant de la dernière note du
précédent ; et l'on peut les noter par *e f g a.*

On obtenoit le troisième tétracorde , ou des *conjointes* ,
en continuant de s'élever d'un demi-ton et de deux tons , à
partir de la dernière note du tétracorde des *moyennes ;* et il
peut s'exprimer par *a bh c d.*

Parvenu à ce troisième tétracorde , c'eût été trop s'écarter
de la modulation et de la terminaison du mode , que de pour-
suivre la même marche , en ajoutant le tétracorde *d b e f g.*
On s'y prit plus ingénieusement : on établit le quatrième tétracorde sur la seconde note du troisième , mais prise à un ton
d'intervalle , et ce fut le tétracorde des *disjointes* , qui peut
se représenter par *h c d e.*

Quant au cinquième tétracorde des *supérieures* , il se formoit sur la dernière note du quatrième , comme *e f g a.*

On peut donc écrire le mode grec avec nos lettres , de la
manière suivante :

a , h c d e , e f g a , a bh c d , h c d e , e f g a.

Cette suite de sons représente-t-elle exactement celle des
sons du mode grec ? Il me paroît difficile d'en douter, d'après
les preuves que j'en ai données ailleurs , quand on considère
surtout que les mots *ton* et *demi-ton* , pris dans le sens d'intervalles , n'ont éprouvé aucun changement dans leur signi-
fication , depuis qu'on traite de la musique. On peut donc

admettre , sans craindre de s'égarer , que les tons et les demi-tons modernes sont les mêmes que ceux des Grecs.

J'ai dit que le système de la musique grecque étoit composé de quinze modes : voici les noms de ces quinze modes , tels qu'on les trouve dans Alypius :

Lydien.	Hypolidien.	Hyperlydien.
Æolien.	Hypoæolien.	Hyperæolien.
Phrygien.	Hypophrygien.	Hyperphrygien.
Iastien.	Hypoiastien.	Hyperiastien.
Dorien.	Hypodorien.	Hyperdorien.

Ces quinze modes ont chacun leurs proslambanomènes, formant entr'elles une série de quatorze demi-tons, à commencer depuis celle qui est la plus grave , jusqu'à celle qui est la plus aiguë.

Leurs signes-notes, pris dans l'ordre précédent de ces quinze modes , sont : (*Voy. Alypius.*)

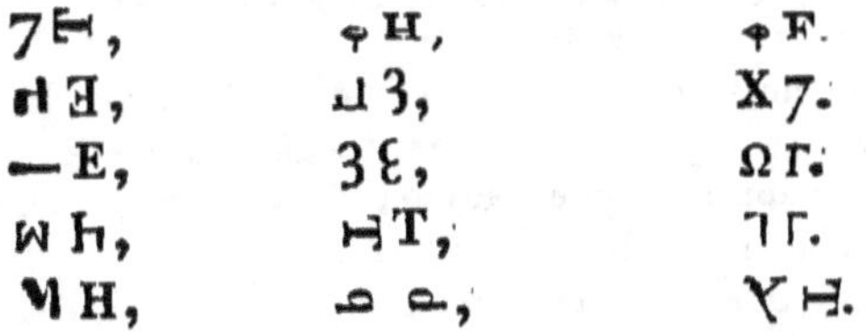

7⊢,	ϙH,	ϙF.
⊢E,	⅃3,	X7.
—E,	3Ɛ,	ΩΓ.
⋈h,	⊢T,	⅂Γ.
⋈H,	ꟼꟼ,	ϒ⊢.

Je ne répéterai pas ici ce que j'ai suffisamment détaillé dans des écrits antérieurs , sur les intervalles primitifs de la musique , dont les tons et les demi-tons sont les élémens ; je dirai seulement que ceux-ci n'ont jamais pu varier dans les chants fondés sur la nature et sur les documens de l'art. J'ai fait voir dans ces mêmes écrits , que parmi ces intervalles primitifs , il s'en trouve un qui, par son exubérance harmonique , entraîne la modulation hors des bornes de la mélodie , quand il n'est pas convenablement modéré. Ce fait connu de tous les praticiens est une des principales preuves de l'identité des tons et demi-tons dans la musique des différens temps et des divers lieux ; c'est une preuve même de l'égalité qui doit être entr'eux. Je puis donc supposer , sans craindre de m'écarter de la vérité, que les tons et les demi-tons de la musique des Grecs n'étoient pas différens de ceux dont nous usons aujourd'hui. Je vais donc, d'après cela, tâcher de découvrir quels étoient les tons et les demi-tons employés dans leurs modes, afin qu'après les avoir représentés par nos signes, on puisse les comparer avec ceux de nos modes.

Les quinze proslambanomènes, dont on vient de voir les notes grecques, forment entr'elles, comme je l'ai dit, une série de quatorze demi-tons ; il s'agit donc de savoir d'abord quelle est la plus grave de ces notes.

Gaudentius dit affirmativement (pag. 22), que les anciens désignoient cette note par un demi *phi* couché, ⌐ , et qu'ainsi ce *phi* étoit le commencement de toutes les notes ; mais il ajoute aussi qu'étant nécessaire qu'il y eût dans chaque mode des relations avec les autres modes ; qu'il y en eût entre les dénominations, entre le mode en particulier, et entre tout le système, il falloit absolument plusieurs notes pour désigner certains sons. Voilà pourquoi on trouve fréquemment, dans le système grec, différentes notes *homotones*, c'est-à-dire représentant un même son.

De plus le même auteur nous avertit que, des deux lettres qui représentent chaque son, l'une désigne sa diction, et l'autre sa percussion ; et que l'un ou l'autre de ces signes sert également pour noter le chant (pag. 23).

Le mot λεξιν , dont se sert le texte grec, et qui signifie *diction*, doit sans contredit être pris ici pour la dénomination du son, dans le même sens que les noms syllabiques *ut*, *re*, *mi*, etc. Ainsi les Grecs avoient aussi des noms pour les tons, dans leur solfége, comme les modernes.

Quant à la note de percussion, κρουσιν, il est évident qu'elle servoit à représenter le son effectif, c'est-à-dire le son qu'il falloit faire entendre ; en un mot c'étoit la note ou le signe indicatif du son.

Après avoir reconnu que la proslambanomène la plus grave est notée par les deux demi *phi* couchés, et l'un d'eux retourné, et que les quinze modes transposés se suivent par demi-tons, en commençant par cette même note, nous dirons, toujours d'après Gaudentius, que le premier demi-ton au-dessus de cette note étoit désigné par un *tau* couché, retourné ꓱ (1), et un *tau* debout T : sur quoi il observe judicieusement que cette seconde note étant à un demi-ton de la première, ne peut pas appartenir au premier mode, qui a l'intervalle d'un ton de sa première à sa seconde, et qu'ainsi cette seconde proslambanomène *tau* ne peut être que la première du second mode ; mais il reconnoît que la troisième, représentée par deux doubles sigma 3Ɛ, l'un direct et l'autre retourné, peut être prise, ou pour la première proslambanomène du troisième mode, ou pour la seconde note du premier, comme étant à un ton de sa proslambanomène.

Si l'on veut maintenant rapporter les notes grecques à celles des modernes, il faut trouver deux choses : 1°. à quel signe de notre notation correspond le double *phi*, note la plus grave du système de notation de la musique grecque ; 2°. quel est l'ordre dans lequel il faut disposer les signes du tableau précédent des quinze proslambanomènes, pour qu'ils forment la série des quatorze demi-tons et des quinze notes sur lesquelles sont établis les quinze modes transposés de la musique ancienne, en partant de la plus grave *phi* des proslambanomènes.

Pour résoudre la première de ces questions, il faut rappeler ici ce que j'ai dit ailleurs, et que voici : lorsqu'autrefois on voulut substituer aux lettres de la notation grecque, celles de l'alphabet latin, on y employa assez incomplétement les quinze lettres *a b c d e f g h i k l m n o p*, pour représenter la série des sons ordinaires compris dans l'intervalle d'une double octave qui, bien qu'elle fût de la même étendue que le mode grec, n'en remplissoit pas cependant toutes les conditions dans ses notes.

____

(1) Quoique ceci ne regarde proprement que la partie érudilive de la langue grecque, je remarquerai néanmoins que ce ꓱ, pour être couché en sens opposé, devroit être tourné à gauche ꓭ ; ainsi l'on peut conclure de là que lorsque cette note fut imaginée, les Grecs écrivoient de droite à gauche. On pourra donc connoître à peu près l'époque de son invention, quand on saura le temps où les Grecs commencèrent à écrire de gauche à droite.

Cela paroîtra clairement , si l'on veut observer que pour
former les cinq tétracordes du mode grec , il faut une note
de plus . comme on peut le voir ici :

a, *h c d e f g h* bemol *i k l*, *i h l m n o p*.

Ainsi ces quinze lettres ont besoin d'une seizième , ou de l'*i*
modifié par le *bémol* , pour servir de signes aux cinq tétracordes du mode grec , et elles ne peuvent désigner complé-
tement, toutes seules , que les quatre tétracordes suivans de ce
mode :

a , *b c d e f g h* , *i k l m n o p*.

L'inexactitude du rapport de ces lettres aux signes-notes de
la musique grecque , jointe à leur confuse multiplicité , obli-
gea d'y faire des changemens considérables , en les réduisant
à un bien plus petit nombre ; et ce fut le pape saint Gré-
goire qui eut tout l'honneur de cette importante réforme ,
en réduisant ces lettres à sept seulement ; je ne répéterai pas
ici ce que j'ai dit ailleurs à ce sujet ; mais j'observerai que ,
de cet échange des lettres grecques avec les latines , pour désigner les notes musicales , il résulta un précieux avantage , celui de pouvoir rapporter les sons représentés par les
lettres grecques , aux notes dont on use maintenant. Or, cet
avantage ne peut s'obtenir qu'en plaçant les notes-lettres du
moyen âge entre les notes grecques et celles d'aujourd'hui ;
et c'est en vain qu'on entreprendroit d'établir directement ce
rapport entre ces anciennes notes et les modernes : aucun point
de liaison ne les rapproche ; mais il n'en est pas ainsi des
quinze notes-lettres qui représentent un des modes grecs. La
cinquième de ces quinze lettres , qui est un *e* , se trouve aussi
la cinquième de deux modes grecs , l'*hypodorien* et l'*hyper-
phrygien* , qui sont évidemment à l'octave l'un de l'autre ,
comme l'indiquent les deux prépositions *hypo* et *hyper*.

Ce sont donc les notes grecques du mode hypodorien qu'on
avoit voulu exprimer par les quinze lettres de l'alphabet latin ;
ainsi les deux *phi* couchés , l'un d'eux retourné , et que nous
avons reconnus plus haut, pour la proslambanomène la plus
grave des quinze modes grecs , sont , sans nul doute , la
lettre *a* de ces quinze lettres , et conséquemment la dénomination syllabique *la* de la solmisation ordinaire.

Dès qu'une fois on a trouvé à quelle note du système actuel correspond cette première proslambanomène des modes grecs, rien n'est plus facile que de connoître toutes les autres notes de ses différens modes, et de les remplacer par nos notes actuelles. Cependant il paroît que cette entreprise n'étoit guère possible, vu l'état d'imperfection où se trouvoit notre notation avant les additions indispensables faites aux notes-lettres dans la Sténographie musicale, citée déjà plusieurs fois dans cet article : ce qui paroît confirmer cette assertion, c'est que jusques-là nul auteur n'en avoit fait l'essai.

Cette sténographie étoit donc une addition nécessaire, et sans laquelle on réussiroit difficilement à se faire comprendre, lorsqu'il s'agit d'expliquer la notation du système de la musique grecque.

Pour faire sentir combien elle rend cette explication facile, je vais donner les deux modes *hypodorien* et *hypoiastien*, avec leurs notes grecques et leurs traductions en notes sténographiques ; ces deux modes, dont l'un a la proslambanomène la plus grave, et dont celle de l'autre n'est élevée que d'un demi-ton, feront voir non-seulement l'exacte correspondance des deux genres de notations entr'eux, mais encore l'ordre qu'observent les quinze proslambanomènes, l'une au-dessus de l'autre, dans leur série des quatorze demi-tons.

En traitant des quinze modes grecs, tom Ier, 2e partie des *Considérations sur les divers systèmes de la Musique*, etc. j'en ai donné les notes sténographiques ; et, pour ne pas choquer nos habitudes, je les ai fait procéder de bas en haut par colonne, en commençant par la note la plus grave ; tandis que dans tous les textes grecs, cet ordre est inverse, et commence de haut en bas.

Comme rien ne m'oblige à intervertir ce dernier ordre, je préviens mes lecteurs que je vais m'y conformer dans le tableau suivant des deux modes *hypodorien* et *hypoiastien*.

MODE HYPODORIEN.

NOM DES NOTES GRECQUES, ET DE LEURS SIGNES.	NOTES GRECQUES.	NOTES STÉNOGRAPHIQUES.
Proslambanomène, ou note ajoutée : demi *phi* couché, et demi *phi* retourné.......	ᓚ ᓗ	a.
Hypate hypaton, ou première des principales : *sigma* double retourné, et *sigma* double..	Ʒ Ɛ	h.
Parhypatehypaton, ou près la première des principales : *rho* renversé, et double *sigma* renversé.....	ρ ω	c.
Hypatondiatonos, ou principale par tons : *anti nu* et *pi* double.....	n H	d.
Hypatemeson, ou principale des moyennes : *iota* couché, et *e* carré.....	⊢ E	e.
Parhypatemeson, apres la premiere des moyennes : demi *theta* couché, et *e* carré renversé.....	⊕ ⴺ	f.
Mesondiatonos, ou moyenne par ton : *delta* renversé, et *tau* couché.....	P ⊢	g.
Mèse, ou moyenne : *omega* et demi *mi* à gauche.....	Ω Γ	a.
Trite synemenon, ou troisième des conjointes : *psi* et demi *mi* couché, retourné.	Ψ Υ	bh
Synemenon diatonos, ou conjointe par ton : *tau* et *digamma* retourné.....	T ⴺ	c.
Nete synemenon, ou dernière des conjointes : *pi* et *sigma* retourné.....	Π ᴐ	d.
Paramese, ou près la moyenne : *phi* et *digamma*.....	Φ Ǝ	h.
Trite diezeugmenon, ou troisième des disjointes : *ispsilon* et *digamma* renversé..	Υ ⴺ	c.
Diezeugmenon diatonos, ou conjointe par ton : *pi* et *sigma* retourné.....	Π ᴐ	d.
Nete diezeugmenon, ou dernière des disjointes : *my* et *pi* diminué.....	M ⊓	e.
Trite hyperboleon, ou troisième des supérieures : *lambda* et demi *delta* couché, retourné.....	Λ ρ	f.
Hyperboleondiatonos, ou supérieure par ton : *heta* et *lambda* couché, retourné..	H ⋗	g.
Nete hyperboleon, ou dernière des supérieures : *gamma* et *ny*.....	Γ N	a

DEUX MODES GRECS.

MODE HYPOÏASTIEN.

NOM DES NOTES GRECQUES, ET DE LEURS SIGNES.	NOTES GRECQUES.	NOTES STÉNOGRAPHIQUES.
Note ajoutée : *tau* couché, retourné, et *tau* droit..............................	⊢T	*bh.*
Première des principales : *pi* et double *sigma* retourné............................	п 3	*c.*
Près la première des principales : *omega* ayant une ligne au-dessous, et *eta*.......	φ H	*bd.*
Principale par ton : *my* renversé, et *eta* imparfait...............................	Ɯ ħ	*be.*
Principale des moyennes : *eta* imparfait et *epsilon* carré, retourne................	лɪ ᴤ	*f.*
Près la première des moyennes : *zeta* imparfait et *tau* couché....................	⟩⊢	*bg.*
Moyenne par ton : *gamma* retourné et *gamma* direct.................................	T Γ	*ba.*
Moyenne : *chi* et demi *my* à droite.........	X �	*bh.*
Troisième des conjointes : *phi* et *digamma*.	φ Ⅎ	*bc.* (*h*).
Conjointe par ton : *sigma* et *sigma*........	c c	*bd.*
Dernière des conjointes : *omicron* et *kappa*.	O K	*be.*
Près la moyenne : *tau* et *digamma* retourné...	T Ⅎ	*c.*
Troisième des disjointes : *sigma* et *sigma*...	c c	*bd.*
Disjointe par ton : *omicron* et *kappa*.......	O K	*be.*
Dernière des disjointes : *kappa* et demi *delta* diminué...............................	K λ	*f.*
Troisième des supérieures : *iota* et *lambda* couché..............................	⊢ ◁	*bg.*
Supérieure par ton : *zeta* et *pi* couché.....	Z ⊟	*ba.*
Dernière des supérieures : *A* et accent grave..............................	A'	*bh.*

Ces deux modes ne présentent que la série de leurs sons
dans le genre diatonique, parce que c'est cette série qui cons-
titue le mode ; les séries de sons dans les genres chromatique et enharmonique s'en écartent au contraire, quand
leurs sons ne sont pas homotones avec ceux de la série de
leur genre diatonique.

Cette vérité, qui est incontestable pour le genre chromatique, ne l'est pas moins pour l'enharmonique, comme je
le ferai voir plus loin : ce seroit donc une grande méprise, si
l'on vouloit prétendre qu'il y avoit dans le système de la musique grecque quarante-cinq modes, quinze dianotiques,
quinze chromatiques, et quinze enharmoniques : ces mots
chromatiques et enharmoniques ne désignent pas des modes,
mais des modifications de modes, ou des modulations ; et
ceux qui voudroient employer ces expressions, *mode chromatique*, *mode enharmonique*, choqueroient, je crois, le bon
sens des lecteurs tant soit peu versés dans ces matières.

Une autre observation non moins importante à faire sur
ces deux modes, c'est que l'identité de deux signes désigne
toujours deux sons homotones, et que la différence de ces
mêmes signes n'est pas toujours la preuve de celle des sons
qu'ils représentent.

Pour prouver cette dernière assertion, prenons les deux
notes ċ et ċ qui se trouvent dans chacun des tétracordes
conjoint et disjoint du premier de ces modes. On ne peut
guère disconvenir de l'identité des sons de ces deux notes,
dans l'un et l'autre tétracorde. Cependant cette note C a deux
signes différens, l'un T ⅃, dans le tétracorde des conjointes,
l'autre Υ ⊓, dans celui des disjointes : pourroit-on en conclure pour cela que ces deux sons ċ ne sont pas homotones ?
Non sans doute ; car cette note, donnée par l'ordre et la
suite des tétracordes, ne peut rendre qu'un même son : ce
qui le prouve, c'est que la note *d* n'a que le même
signe dans les deux tétracordes, et que les deux notes
b d et *b e* ont un même signe dans les deux mêmes tétracordes du second mode.

La nécessité de ne pas trop alonger cet article m'oblige à
écarter une foule de réflexions dont les lecteurs curieux pour-

ront trouver les principales dans les *Considérations sur les divers systèmes de la Musique.* Je ne m'arrêterai donc ici qu'à une dernière observation qui, dans le second mode, présente un fait bien remarquable.

La seconde note *b c*, ou *ut bémol*, du tétracorde des conjointes, dans le second des deux modes précédens, peut être aussi bien désignée par *h* ou *si ;* car cette dernière note a de même dans le tétracorde des disjointes du premier mode, le signe Φ F, comme *b c*, dans le tétracorde des conjointes du second. Il est donc évident que le bémol de la note supérieure et le dièse ou le bécarre de la note inférieure, se confondent sur la même note, au même point de l'intonation ; ce qui ne peut arriver que dans le cas du partage du ton en deux demi-tons égaux.

Cette même note *b c* fournit donc encore une preuve bien frappante de cette égalité des demi-tons.

.J'ai noté sténographiquement ce second mode avec six bémols, dont voici la suite.

bh , be , ba , bd , bg , bc.

Mais j'aurois obtenu le même résultat, en le notant avec les six dièses suivans :

δ*a* , δ*d* , δ*g* , δ*e* , δ*f* , *h.*

Cette dernière note *h*, ayant le même signe grec, soit qu'elle provienne de *bc*, ou de *bh* bécarre, il faut toujours que le ton qui se trouve dans l'intervalle de *bh* à *c*, soit divisé en deux demi-tons égaux.

Après avoir trouvé la plus grave des quinze proslambanomènes, et la note à laquelle elle correspond dans le système actuel, il reste à faire voir la suite des quinze proslambanomènes par demi-tons ; suite qui va prouver de plus en plus que les tons qui étoient égaux dans le système grec, étoient aussi toujours divisés en demi-tons égaux.

On a vu, d'après Gaudentius, que la proslambanomène *a* , ᴐ ᴐ, étoit la plus grave ; que celle d'un demi-ton plus élevé étoit *bh*, ⊣ T, et que la suivante *h*, toujours en montant d'un demi-ton, avoit pour signe 3ε. Ces trois notes se trouvent précisément dans les deux premières notes du premier mode, et dans la première du second.

Mais quant au troisième demi-ton c, il seroit difficile de

dire pourquoi sa note grecque se trouve *b* ω dans le premier mode, et ॥ 3 dans le second, sans qu'on soit cependant en droit d'en conclure que ces deux sons ne sont pas identiques. Au surplus la première note du mode hypoœolien étant ॥ 3, c'est par ce signe que la note *c* doit être représentée, et l'on peut supposer que l'homotone *b* ω tient à quelque circonstance d'instrumens, qui n'est pas parvenue jusqu'à nous.

La troisième note du mode grec devant être un demi-ton au-dessus de la seconde, la première du cinquième mode hypolydien devient nécessairement δ *c*. Or *b d*, qui est la troisième note du second mode hypoiastien, a pour signe ϙ H, et la proslambanomène du cinquième mode hypolydien a aussi ce même signe ; il est donc évident que cette note grecque ϙ H est en même temps la note-lettre δ *c* de cette proslambanomène, et celle de *b d*, troisième note de l'hypoiastien (1).

D'après de semblables observations, on trouvera que la note grecque Ѡ ɩ répond à *b e*, ou à δ *d* ; > ⊢, à *b g*, ou à δ *f* ; ꟼ Γ, à *b a*, ou à δ *g*, et ainsi des autres ; ce qui fait voir que plusieurs signes des notes grecques désignoient en même temps les sons que nous appelons aujourd'hui dièse et bémol sur une même touche : d'où il suit que les deux demitons contenus dans un ton, se confondant sur la même note grecque, ces deux demi-tons étoient nécessairement égaux. Voici maintenant la série chromatique des proslambanomènes des quinze modes transposés des Grecs, avec la note-lettre qui leur correspond.

Hypodorien ◺ ◿, *a*.	Dorien Ν Π, *d*.	Hyperdorien Ⲩ ꟼ, *g*.
Hypoiastien ꟼΓ, *b h*.	Istien Ѡ ɪ, *b e*.	Hyperiastien ꟼΓ, δ *g*.
Hypophrygien 3ϛ, *h*.	Phrygien ⊢ Ε, *e*.	Hyperphrygien ΩΓ, *a*.
Hypoœolien ॥ 3, *c*.	Œolien ⅃Ⴈ, *f*.	Hyperœolien ⵝꟍ, *b h*.
Hypolydien ϛ H, δ *c*.	Lydien, > ⊢, δ *f*.	Hypolydien ϙ Γ, *h*.

Cet ordre est celui dans lequel se trouve disposée la traduction sténographique des quinze modes grecs, pag. 165 et suiv. du tom. Ier des *Considérations*, etc. Je laisse à présent aux lecteurs judicieux à juger s'il eût été possible de donner

(1) Voyez Alypius et la traduction sténographique de ses modes dans les *Considérations sur les divers systèmes de la Musique*, tom. I, pag. 166 et suiv.

clairement les explications précédentes , en substituant aux notes sténographiques *c d e f g a h c*, les dictions *ut, re, mi, fa , sol , la , si , ut ;* la meilleure manière d'en juger seroit d'essayer de donner les mêmes explications , en n'y employant que ces dernières notes.

Quoi qu'il en soit cependant de l'opinion qu'on pourra se former par la suite sur les signes à employer pour traiter de la science musicale , il en résultera toujours que , n'ayant rien trouvé de plus propre à cet objet que ma méthode sténographique , j'ai dû m'en servir ; et si quelqu'autre moyen devenoit un jour d'un usage plus général , on se trouveroit encore dans la nécessité de consulter la sténographie que j'ai publiée , si l'on croyoit utile d'entendre la partie musicale que j'ai traitée.

Je terminerai ces réflexions par quelques observations sur le grand système des Grecs que je viens d'exposer dans les tableaux des deux modes précédens , et sur le système plus antérieur dont la plupart des cultes religieux ont conservé des traces.

On a déjà vu , dans ce qui précède , que dans le grand système des quinze modes , la même note grecque peut se traduire indifféremment par nos signes de notation , ou avec la note qui a le bémol , ou avec celle qui la touche et qui a le dièse : d'où l'on a pu conclure que les Grecs avoient fondé leur système sur l'égalité des demi-tons. Deux autres preuves peuvent confirmer cette assertion : l'une tirée du rapprochement des trois genres dans chacun des modes grecs ; l'autre fournie par la division même de ces modes en quatre ou cinq tétracordes.

Pour rendre la première de ces preuves plus sensible , je vais joindre ici le tableau des notes diatoniques et enharmoniques, du mode primitif hypodorien , en évitant seulement d'y répéter les détails qui lui sont inutiles , et que l'on peut retrouver, si l'on veut, dans les deux modes décrits précédemment. J'avois déjà donné le tableau de ce même mode , tom. Ier, pag. 166 des *Considérations,* etc. Mais la crainte de rebuter les typographes, m'avoit empêché d'y joindre les signes des notes grecques ; des talens mieux connus aujourd'hui ne me laissent pas cette appréhension.

Voici le tableau de ce mode :

NOTES DU MODE PRIMITIF HYPODORIEN,
ET DES TROIS GENRES.

NOMS DES NOTES.	DIATONIQUE.	CHROMATIQUE.		ENHARMONIQUE.	
Note ajoutée.....	a. ◻ ◻.	a. ◻ ◻.		a. ◻ ◻.	
Première des principales........	h. 3Ɛ..	h. 3Ɛ.		h. 3Ɛ.	
Près la première des principales..	c. b ѡ..	c. b ѡ.		c. b ѡ.	
Principale par ton.	d. Ɋ Ⱶ.	δd. Ⅱ3.	*Pi* renversé et double *sigma* retourné.	be. Ⅱ3.	*Pi* renversé et double *sigma* retourné.
Principale des moyennes...	e. ⊣E..	e. ⊣E.		e. ⊣E.	
Près la principale des moyennes..	f ⋔ ⊠.	f. ⋔ ⊠.		f. ⋔ ⊠.	
Moyenne par ton.	g. X ⊣.	δg. ⌐Ⅎ Ⴒ.	*Eta* imparfait retourné, et *epsilon* carré retourné.	ba. ⌐Ⅎ Ⴒ.	*Eta* imparfait retourné, et *epsilon* carré retourné.
Moyenne........	a Ω Γ..	a. Ω Γ.		a. Ω Γ.	
Troisième des conjointes...	bh. Ψ 3.	bh. Ψ 3.		bh. Ψ 3.	
Conjointe par ton........	c. T ⅃.	δc. X ⅂.	*Chi* et demi *my* à droite.	bd. X ⅂.	*Chi* et demi *my* à droite.
Dernière des conjointes........	d. Ⅱ ꜿ.	d. Ⅱ ꜿ.		d. Ⅱ ꜿ.	
Près la moyenne..	h. Φ Ⅎ.	h. Φ Ⅎ.		h. Φ Ⅎ.	
Troisième des disjointes........	c Y ⊥.	c. Y ⊥.		c. Y ⊥.	
Disjointe par ton.	d. Ⅱ ꜿ..	δd. O K.	*Omicron* et *kappa.*	be. O K.	*Omicron* et *kappa.*
Dernière des disjointes........	e M Ⅱ..	c. M Ⅱ.		e. M Ⅱ.	
Troisième des supérieures......	f. λ γ..	f. λ γ.		f. λ γ.	
Supérieure par ton...........	g. H ⋎	δg. K ʌ.	*Kappa* et demi *delta* disjoint.	ba. K ʌ.	*Kappa* et demi *delta* disjoint.
Dernière des supérieures......	a Γ N..	a. Γ N.		a. Γ N.	

Les quinze modes du système de la musique grecque n'étant qu'une transposition de l'un d'eux, comme ceux de la musique actuelle, ce que je vais dire des notes du mode hypodorien s'applique également à tous les autres modes.

Au premier aspect de ce mode, on aperçoit d'abord que, des dix-huit notes comprises dans chacune des séries chromatique et enharmonique, cinq seulement sont différentes de la série diatonique.

Les signes de ces cinq notes sont les mêmes dans l'une et l'autre de ces séries, qui, d'ailleurs, ne peuvent former par elles-mêmes aucun chant modal, et ne peuvent par conséquent pas servir de gamme ou d'échelle mélodique. Or, le signe de la note chromatique étant le même que celui de la note enharmonique qui lui correspond, il faut nécessairement que le son de ces deux notes soit parfaitement identique ; ainsi ces sons, communs aux deux genres, ne peuvent pas désigner des différences d'intervalle entre eux, et ils ne peuvent être que des sons hors du mode ou du genre diatonique : ils doivent donc conséquemment servir à la modulation de celui-ci, comme je l'ai dit plus en détail dans les *Considérations*, etc. ; ainsi ce sont, à proprement parler, des dièses et des bémols, comme je les ai représentés ; et ils ne sont qu'au nombre de cinq, savoir : δf, δc, δg, δd, δa, et $b\,h$, $b\,e$, $b\,a$, $b\,d$, $b\,g$.

On ne conçoit pas comment ces faits, qui sautent aux yeux, n'ont pas pu dissuader les écrivains qui ont cru voir, dans le genre enharmonique, deux quarts de ton et une tierce majeure. C'est, sans doute, à l'imperfection des signes graphiques dont on se servoit de leur temps pour écrire les notes musicales, qu'il faut en attribuer la méprise.

En arrêtant un peu son attention sur les formes du mode dont je viens de présenter le tableau, on éprouve quelque surprise de voir que ce mode est fondé sur des tétracordes, c'est-à-dire sur des quartes, et que par la disposition des signes les tons de ce mode sont nécessairement divisés en deux demi-tons égaux. Il n'est pas étonnant qu'on ait regardé jusqu'ici ces conséquences rigoureuses comme de pures illusions, à cause des préventions qu'on avoit sur cet objet, et de l'obscurité qu'y répandoit encore la défectuosité des signes ; mais aujourd'hui qu'on sait que l'intervalle d'une octave est plus petit que celui de sa quarte et de sa quinte réunis ; que l'excès du dernier est produit par la quinte, et que la quarte divise exactement l'octave en douze demi-tons égaux, on ne sera peut-être plus tenté de se méprendre sur ce grand principe de la musique grecque. Si c'est une indiscrétion de l'avoir divulgué, d'avoir surpris la nature dans un de ses profonds mystères, d'avoir osé saisir cette sorte de *protée*, au milieu de ses déguisemens évasifs, et de l'avoir forcé à reprendre ses formes primitives, je m'avoue bien plus coupable encore aujourd'hui ; car je travaille à faire achever un instrument que je fais construire pour lever tous les doutes sur les faits précédens. J'ai imposé à cet instrument le nom de Μοναυλος, ou *monoflûte* ; et dès qu'il sera achevé, j'intéresserai l'inépuisable obligeance du savant Rédacteur de ce Journal, pour l'engager à communiquer à ses lecteurs une description détaillée de cet instrument, que je me ferai un devoir de lui transmettre.

On peut donc regarder dès à présent l'existence des quarts de ton enharmoniques comme une rêverie systématique, née dans les ateliers des facteurs, et adoptée, ou ne sait pourquoi, par des savans du premier ordre. Le système des Grecs ne présente aucune combinaison qui puisse autoriser, dans leur ancienne musique, une pareille division d'intervalles. Les signes de sa notation sont connus, et peuvent être mis sous les yeux de tout le monde. On en a beaucoup trop exagéré le nombre. On a supposé que la totalité de ces signes étoit aussi grande que celle des sons compris dans chacun des quinze modes ; et comme chaque mode présente dix-huit sons dans chacun de ses genres, on a cru pouvoir porter à $18 \times 3 \times 15$, ou 610, le nombre total des signes notés de la musique grecque.

Cette erreur, qui en a produit beaucoup d'autres, a aussi servi à entretenir la confusion qui s'étoit répandue sur cet ancien système de musique, au point qu'il sembloit que c'étoit une entreprise chimérique de vouloir le ramener à ses documens primitifs. Mais, grâces aux éclaircissemens que j'ai donnés ici ou ailleurs, d'après les auteurs grecs même, on en peut aisément inférer que chaque mode n'a réellement que seize sons diatoniques et cinq sons chromatiques ou enharmoniques, et qu'à cause du grand nombre de sons homotones qui existent dans ces quinze modes, le nombre des signes notés de leurs sons se réduit à quatre-vingt-deux.

Les lettres tournées, retournées, couchées, renversées, etc. ,
ainsi que les accens, qui, combinés deux à deux, servent de
signes à ces notes, ne sont qu'au nombre de cinquante-
deux.

Quoique ces quatre-vingt-deux signes–notes soient tous employés à ne désigner que trente–neuf sons , qui forment trente-
huit demi-tons compris dans l'étendue entière de ce grand système (1) , on ne peut pas en conclure que ces signes servirent
à diviser ces demi-tons en quarts de ton ; car ces trente-huit
demi-tons n'auroient produit que soixante-seize quarts de ton ,
et cependant il se trouve quatre-vingt-deux signes–notes. Il est
donc plus naturel de les attribuer, comme cela se voit clairement, à la manière compliquée qu'on avoit imaginée pour
désigner ce que nous appelons bémol et dièse ; et l'on peut
voir par là combien l'invention de ces deux signes a dû simplifier le système de la musique actuelle. Peut-être un jour
l'esprit d'analyse , supprimant tous les signes inutiles de celle-
ci , créera-t-il un système de douze signes seulement , appliqués à chacun des douze demi-tons de l'octave , ce premier
élément des deux systèmes de musique existant parmi nous , et
qui le fut aussi dans la haute antiquité.

L'existence d'un système antérieur à celui des tétracordes , et
fondé sur l'octave, est une vérité qu'on n'a peut-être pas encore assez sérieusement examinée. On a bien aperçu des
traces de ce système antique dans des chants religieux ,
conservés jusqu'à ce jour ; mais on n'a pas assez considéré la
doctrine sur laquelle ils sont fondés. Je ne me propose pas de
la développer ici tout entière , ce seroit une trop longue entreprise ; je vais seulement ajouter quelques réflexions à ce que
j'en ai déjà dit dans l'ouvrage que j'ai cité tout à l'heure.

De tous les auteurs qui ont parlé de cet ancien système,
Bacchius l'ancien me paroît celui qui l'a décrit avec le plus de
précision. Voici comment il le présente à la page 18 de son
traité , tom. I, de Meibomius.

Après avoir dit combien il y a de quartes et de quintes dans
le genre diatonique, il compte le nombre de diapasons ou

____

(1) Voyez *Considér. sur les divers systèmes de la Musique*,
tom. I , p. 143.

d'octaves contenus dans ce même genre ; et il en trouve sept. Voici l'ordre dans lequel elles sont disposées :

1°. L'octave du mode *mixolydien* sur le 1er son , de l'hypate hypaton (première des principales), à la paramèse (près la moyenne).. *h—h*

2°. L'octave du mode *lydien* sur le second son , de la parhypate hypaton (près la première des principales), à la trite diezeugménon (troisième des disjointes)..... *c—c*

3°. L'octave du mode *phrygien* sur le troisième son , du lichanos hypaton (principale par ton) , (1) à la paranète diézeugménon (près la dernière des disjointes)... *d—d*

4°. L'octave du mode *dorien* sur le quatrième son , de l'hypate méson (principale des moyennes), à la note diézeugménon (dernière des disjointes).............. *e—e*

5°. L'octave du mode *hypolydien* sur le cinquième son, de la perhypate méson (près la principale des moyennes), à la trite hyperboléon (troisième des supérieures)..... *f—f*

6°. L'octave du mode hypophrygien sur le sixième son, du lychanosméson (moyenne par ton), à la paranète hyperboléon (près la dernière des supérieures)...... *g—g*

7°. L'octave du mode *hypodorien* sur le septième son , de la mèse (moyenne ou son moyen), à la nète hyperbo-

léon (dernière des supérieures)..................... *a—a*

Telles sont les sept octaves des anciens, conservées par Bacchius , et qui formoient indubitablement sept modes dans une même octave, comme le prouvent leurs noms, parmi lesquels se trouve celui de *mixolydien* , qui n'est point employé dans les noms du système des quinze modes.

Le même auteur parle aussi, à la page 12, de ces sept modes, qui étoient encore usités de son temps, mais sous une forme un peu différente.

Après avoir dit que ceux qui n'employoient que trois modes

____

(1) Bacchius avertit un peu plus bas, que *lichanos* , *paranète* et *diatonos* , sont trois expressions synonymiques.

se servoient du lydien, du phrygien et du dorien (1), il ajoute
que les modes de ceux qui en employèrent sept, sont les mixolydien, lydien, phrygien, dorien, hypolydien, hypophrygien et
hypodorien. Le mixolydien est le plus à l'aigu ; et les autres le
suivent au grave dans leur ordre par deux fois un demi-ton et
deux tons, ou cinq tons ; de sorte que les octaves de ces modes
sont alors, $f—f$, $e—e$, $d—d$, $c—c$, $h—h$, $a—a$, $g—g$. Ainsi,
en comparant ces modes aux précédens, on a le tableau qui
suit :

Noms antérieurs à Bacchius.   *Noms du temps de Bacchius.*

Hypodorien ou locrisien $a—a$

    Hypophrygien $g—g$

    Hypolydien $f—f$ Mixolydien.

    Dorien $e—e$ Lydien.

    Phrygien $d—d$ Phrygien.

    Lydien $c—c$ Dorien.

    Mixolydien $h—h$ Hypolydien.

               $a—a$ Hypophrygien.

               $g—g$ Hypodorien.

Malgré les changemens de noms survenus à ces octaves-
modes, on les reconnoît facilement d'après les renseignemens
de Bacchius ; et il est bien évident qu'elles sont l'origine des
tons ou modes du plain-chant. Il est seulement à remarquer
que ces noms ont encore été différemment appliqués aux modes
de celui-ci ; et si l'on se bornoit au tableau ci-dessus, il seroit
difficile d'expliquer pourquoi le mode dorien a été appliqué à
l'octave ou ton $d—d$ de ce système religieux. Mais en obser-
vant que d correspond au mode dorien dans le système des
quinze modes, on aperçoit que ce dernier système étoit celui
des instrumens ; on avoit voulu le rapprocher du chant choral,

(1) On peut voir quels étoient ces trois modes, pag. 366,
tom. I des *Considérations*; et dans un autre mémoire inédit,
mais communiqué à la première classe de l'Institut.

en donnant la même dénomination à la note fondamentale de
ce chant, que celle de la note qui lui correspond dans le grand
système.

Je ne m'étendrai pas davantage sur ces détails, peut-être un
peu minutieux, mais propres cependant à faire sentir combien
l'art musical est intéressé à la conservation des notes-lettres,
qui sont non-seulement la méthode la plus simple d'abréger
l'écriture musicale, mais qui servent encore d'intermédiaires
entre les signes-notes de la musique ancienne et ceux de la
moderne. Ce seroit donc vouloir perpétuer à jamais la confusion qui existe depuis si long-temps dans la musique ancienne,
que de délaisser ces notes-lettres. On peut juger encore, par ce
que j'ai dit ici et dans d'autres ouvrages, combien il est impor-
tant de ne pas perdre de vue les nouvelles découvertes faites
sur les propriétés de la quarte, si l'on veut ramener la musique
à ses principes, vrais et naturels, dont des systèmes inconsidé-
rés l'avoient trop écartée.

On objecte, à la vérité, que la quinte étant un intervalle plus
parfait que celui de la quarte, ce dernier intervalle doit lui être
sacrifié; mais la vraisemblance de ce raisonnement n'existe que
dans la spéculation; car dans la musique exécutive, on ne sauroit
employer une quinte sans l'altérer, à moins de vouloir chanter
faux : il vaut donc mieux, pour éviter ce grave inconvénient,
assujettir l'altération de cet intervalle à une règle uniforme et
certaine, dont les résultats harmonieux ne laissent rien à désirer.
Il est bien vrai que les calculs des sons, établis très-antérieure-
ment à cet ordre de choses, deviennent à refaire dans leur
presque totalité; mais que sont les calculs en musique ? Tant
qu'on a cru trouver dans leurs résultats des règles plus précises
pour assurer la justesse des sons, on a dû, sans doute, s'en
servir; mais ils deviennent au moins inutiles dès qu'il est
reconnu qu'ils induisent à erreur.

* 9 7 8 2 3 2 9 2 8 3 4 2 5 *